This Journey Belongs To

_____

&

_____

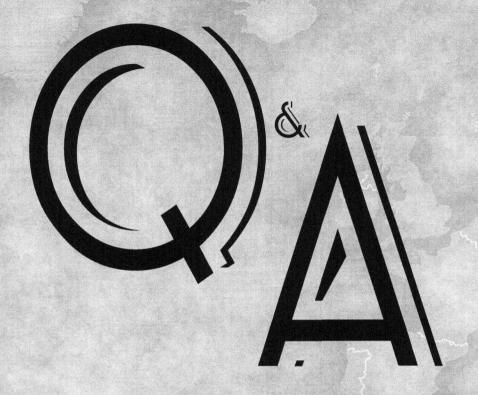

Q & A

Four-Year Journey
For Couples

First Edition: April 2017

ISBN (Paperback): 978-0-9982351-7-2
Printed in the United States of America

INSTRUCTIONS:

➤ Choose a symbol:

     X_____ O_____

➤ *Get Started*: Open to the page of the day & read the question.

➤ *Answer The Question*: Write your answer & current year in the spaces provided as seen in the example below. Partner X will write their answers to the space on the left & partner O will use the space on the right. (No changing sides now!)

➤ *XOXO*: Compare your responses over the years & reminisce about how your lives & answers have changed! Enjoy your journey together!

Example:

Year

Partner X

Partner O

F E B R U A R Y 8

If you had access to a private jet today, where would you choose to fly?

2018

Miami, I need some warmer weather right now!

Mexico – I would love some authentic Mexican food today.

2019

Los Angeles, I've never been. ☺

Denver – I would love to be skiing with the cousins right now!

X — O

Guides at bottom of the page in case you forget your side ☺

JANUARY 1

This year I look forward to...

20____

_____

20____

_____

20____

_____

20____

_____

X   O

JANUARY 2

What is that one thing you want to change in your life?

20

20

20

20

X   O

JANUARY 3

What are five things you were grateful for last year?

20

20

20

20

X   O

JANUARY 4

Name one of your bad habits that your partner
would like you to fix.

20

20

20

20

X   O

JANUARY 5

What did your partner accomplish last year that
made you proud?

20

20

20

20

X   O

JANUARY 6

I would love for you to try...

_____   _____
_____   _____
_____   _____
_____   _____
_____   _____

_____   _____
_____   _____
_____   _____
_____   _____
_____   _____

_____   _____
_____   _____
_____   _____
_____   _____
_____   _____

_____   _____
_____   _____
_____   _____
_____   _____
_____   _____

X   O

JANUARY 7

Our song right now is _____ & my favorite lyric is _____.

20

_____   _____
_____   _____
_____   _____
_____   _____
_____   _____

20

_____   _____
_____   _____
_____   _____
_____   _____
_____   _____

20

_____   _____
_____   _____
_____   _____
_____   _____
_____   _____

20

_____   _____
_____   _____
_____   _____
_____   _____
_____   _____

X   O

JANUARY 8

I love your...

20___

20___

20___

20___

X   O

JANUARY 9

What do you do for a living & has anything changed about your role in the last year?

20

_____

20

_____

20

_____

20

_____

X   O

JANUARY 10

I would like to learn to...

20

20

20

20

X   O

JANUARY 11

I am motivated by...

20

20

20

20

JANUARY 12

Two things I've knocked off my bucket list are:

20

20

20

20

X   O

JANUARY 13

Two things I'd like to add to my bucket list are...

20

_____

20

_____

20

_____

20

_____

X   O

JANUARY 14

List some of your inside jokes by using only a
few words. Anything recent?

20

20

20

20

X   O

JANUARY 15

I currently live at ...

20

_____

20

_____

20

_____

20

_____

X   O

JANUARY 16

20

20

20

20

X   O

JANUARY 17

It would be hard to give up these three things:

20

20

20

20

X   O

JANUARY 18

20

20

20

20

X   O

JANUARY 19

20

_____   _____
_____   _____
_____   _____
_____   _____
_____   _____

20

_____   _____
_____   _____
_____   _____
_____   _____
_____   _____

20

_____   _____
_____   _____
_____   _____
_____   _____
_____   _____

20

_____   _____
_____   _____
_____   _____
_____   _____
_____   _____

X   O

JANUARY 20

What president do you wish you could meet?

20

20

20

20

X   O

JANUARY 21

What are three short term goals that you plan to accomplish?

20

20

20

20

X   O

JANUARY 22

Write a thank you message to your partner.

20

20

20

20

X   O

JANUARY 23

20

20

20

20

X   O

JANUARY 24

I want to do more _____ & less _____.

20

20

20

20

X   O

JANUARY 25

What was your last injury & what happened?

20

20

20

20

X   O

JANUARY 26

20

20

20

20

X   O

JANUARY 27

What are you drinking today?

20

_____

20

_____

20

_____

20

_____

X   O

JANUARY 28

_____ helps me to relax.

20

20

20

20

X   O

JANUARY 29

One challenge I had this month was...

20

20

20

20

JANUARY 30

I love our...

20

20

20

20

X   O

JANUARY 31

What did you enjoy about January?

20

20

20

20

X O

FEBRUARY 1

I look forward to February because...

20

20

20

20

X   O

FEBRUARY 2

I love the way you...

20

20

20

20

X   O

FEBRUARY 3

Has anything bothered you lately?

20

20

20

20

X   O

FEBRUARY 4

What would you consider a dream job?

20

20

20

20

X   O

FEBRUARY 5

One of my favorite quotes is...

20

20

20

20

X   O

FEBRUARY 6

It's very obvious that your partner likes to...

20

20

20

20

X   O

FEBRUARY 7

_____ makes me happy!

20

20

20

20

X

O

FEBRUARY 8

If you had access to a private jet today, where
would you choose to fly?

20

20

20

20

X   O

FEBRUARY 9

What movie would you like your partner to watch with you?

20

20

20

20

X   O

FEBRUARY 10

What is your perfect date night?

20____

20____

20____

20____

X   O

FEBRUARY 11

What song is stuck in your head this week?

20

20

20

20

X   O

FEBRUARY 12

Are you craving anything lately?

20

20

20

20

X   O

FEBRUARY 13

How can you make your partner smile this week?

20_____

20_____

20_____

20_____

X   O

F E B R U A R Y 14

What did you do for your loved one today?

20

_____

20

_____

20

_____

20

_____

X   O

FEBRUARY 15

What would your love song be titled?

20

20

20

20

X   O

FEBRUARY 16

I love that you ...

20

_____

20

_____

20

_____

20

_____

X   O

FEBRUARY 17

What keeps us from arguing?

20

20

20

20

FEBRUARY 18

What are three things that you need right now?

20

20

20

20

X   O

FEBRUARY 19

What advice would you give to your partner today?

20

20

20

20

X   O

FEBRUARY 20

What was the last picture you took together?

20____

_____   _____
_____   _____
_____   _____
_____   _____
_____   _____
_____   _____

20____

_____   _____
_____   _____
_____   _____
_____   _____
_____   _____
_____   _____

20____

_____   _____
_____   _____
_____   _____
_____   _____
_____   _____

20____

_____   _____
_____   _____
_____   _____
_____   _____
_____   _____

X   O

FEBRUARY 21

Is there anything you wish that you could fix?

20

20

20

20

X   O

FEBRUARY 22

What celebrity would you like to meet for lunch?

20

20

20

20

X   O

FEBRUARY 23

What project would you like to take on with
your partner?

20

20

20

20

X   O

FEBRUARY 24

What are your greatest strengths?

20

20

20

20

X   O

FEBRUARY 25

What are your weaknesses?

20___

_____   _____
_____   _____
_____   _____
_____   _____
_____   _____
_____   _____

20___

_____   _____
_____   _____
_____   _____
_____   _____
_____   _____
_____   _____

20___

_____   _____
_____   _____
_____   _____
_____   _____
_____   _____
_____   _____

20___

_____   _____
_____   _____
_____   _____
_____   _____
_____   _____

X   O

FEBRUARY 26

Is there any food you cannot live without?

20

_____

20

_____

20

_____

20

_____

X   O

FEBRUARY 27

I love when we _____ together.

20

20

20

20

X   O

FEBRUARY 28

What did you enjoy about February?

20

20

20

20

X   O

FEBRUARY 29

**This day doesn't come around very often!
List 14 things you love about your partner:**

20

_____

X
O

M A R C H 1

20

20

20

20

X   O

MARCH 2

I love how you make me feel so...

20

20

20

20

MARCH 3

_____ is the worst thing ever invented.

20

20

20

20

X   O

MARCH 4

I need a road trip to _____ this year.

20

_____

20

_____

20

_____

20

_____

X   O

MARCH 5

I love to celebrate when...

20

20

20

20

MARCH 6

20

20

20

20

X   O

MARCH 7

What names do you like?

20

20

20

20

X   O

MARCH 8

What are three things that you really want to buy but don't need?

20

_____

20

_____

20

_____

20

_____

X   O

MARCH 9

What did you do for your last birthday?

20 ___

_____ _____
_____ _____
_____ _____
_____ _____
_____ _____
_____ _____

20 ___

_____ _____
_____ _____
_____ _____
_____ _____
_____ _____
_____ _____

20 ___

_____ _____
_____ _____
_____ _____
_____ _____
_____ _____
_____ _____

20 ___

_____ _____
_____ _____
_____ _____
_____ _____
_____ _____

X   O

MARCH 10

What holiday are you looking forward to?

20

20

20

20

X   O

MARCH 11

It would not surprise me to see you...

20

20

20

20

MARCH 12

If I could have one superpower it would be...

20

20

20

20

MARCH 13

What are you 'sick of' these days?

20

20

20

20

X   O

MARCH 14

I love watching you when...

20

20

20

20

X   O

MARCH 15

20

20

20

20

X   O

MARCH 16

Your love makes me...

20

_____
_____
_____
_____
_____

20

_____
_____
_____
_____
_____

20

_____
_____
_____
_____
_____

20

_____
_____
_____
_____
_____

X   O

M A R C H 17

What are four important things in your life right now?

20 _____

_____   _____
_____   _____
_____   _____
_____   _____
_____   _____
_____   _____

20 _____

_____   _____
_____   _____
_____   _____
_____   _____
_____   _____
_____   _____

20 _____

_____   _____
_____   _____
_____   _____
_____   _____
_____   _____
_____   _____

20 _____

_____   _____
_____   _____
_____   _____
_____   _____
_____   _____

X   O

MARCH 18

Today was different because...

20

20

20

20

X   O

MARCH 19

What did you eat today?

20

20

20

20

X   O

MARCH 20

What would you name your own planet on a day like today?

20

20

20

20

MARCH 21

What important task did you finish this week?

20

20

20

20

X   O

MARCH 22

Write something that you would love for your
partner to do tomorrow.

20

20

20

20

X   O

MARCH 23

What do you miss the most about your partner when they are away?

20

20

20

20

MARCH 24

If your partner were a celebrity, what would they be famous for?

20

20

20

20

MARCH 25

If you could remove one artist from your
partner's music collection it would be...

20

20

20

20

X   O

MARCH 26

If you could choose to be an animal for a day, what would you be?

20

_____

20

_____

20

_____

20

_____

X   O

MARCH 27

Pick one thing for your partner to wear tomorrow & write it down.

20

20

20

20

X   O

MARCH 28

What crazy business idea do you have?

20

20

20

20

O

MARCH 29

Write something you love or hate about your hometown.

20

20

20

20

X   O

MARCH 30

I love how you can make me...

20

20

20

20

X   O

MARCH 31

What did you enjoy about March?

20

20

20

20

APRIL 1

Have you played any pranks lately?

20

20

20

20

X   O

APRIL 2

I love that I get to call you _____ .

20

20

20

20

X   O

APRIL 3

Write down three things that you find boring.

20

20

20

20

X   O

APRIL 4

20

20

20

20

X   O

APRIL 5

Have you been early, late, or right on time this week?

20

20

20

20

A P R I L 6

You made me laugh so hard when...

20

20

20

20

X   O

APRIL 7

What achievements are you proud of lately?

20

20

20

20

X   O

APRIL 8

What is your "guilty pleasure"?

20

20

20

20

X   O

APRIL 9

What is your favorite thing to watch on TV right now?

20___

_____   _____
_____   _____
_____   _____
_____   _____
_____   _____

20___

_____   _____
_____   _____
_____   _____
_____   _____
_____   _____

20___

_____   _____
_____   _____
_____   _____
_____   _____
_____   _____

20___

_____   _____
_____   _____
_____   _____
_____   _____
_____   _____

X   O

APRIL 10

What is your ideal wedding size & location?

20

20

20

20

X   O

APRIL 11

What store would you like to win a shopping spree to this month?

20

20

20

20

X   O

APRIL 12

How old are you today & what age would you love
to hop back to for the day?

20___

_____ _____
_____ _____
_____ _____
_____ _____
_____ _____

20___

_____ _____
_____ _____
_____ _____
_____ _____
_____ _____

20___

_____ _____
_____ _____
_____ _____
_____ _____
_____ _____

20___

_____ _____
_____ _____
_____ _____
_____ _____
_____ _____

X   O

APRIL 13

Name a character from a movie that you have fallen for.

20

20

20

20

X   O

APRIL 14

What is your idea of a romantic evening?

20_____

20_____

20_____

20_____

X   O

APRIL 15

My favorite place to eat right now is ...

20

20

20

20

X   O

APRIL 16

What is something that scares you right now?

20

20

20

20

APRIL 17

Write your partner a pick-up line, choose an
accent, & have them read it out loud.

20

20

20

20

X   O

APRIL 18

What are your favorite unhealthy foods?

20

_____

20

_____

20

_____

20

_____

X   O

APRIL 19

I can't wait to _____ with you!

20

20

20

20

A P R I L 20

20

_____   _____
_____   _____
_____   _____
_____   _____
_____   _____

20

_____   _____
_____   _____
_____   _____
_____   _____
_____   _____

20

_____   _____
_____   _____
_____   _____
_____   _____
_____   _____

20

_____   _____
_____   _____
_____   _____
_____   _____
_____   _____

X   O

APRIL 21

If you got a tattoo today, what would it be?

20

20

20

20

A P R I L 22

20

_____   _____
_____   _____
_____   _____
_____   _____
_____   _____
_____   _____

20

_____   _____
_____   _____
_____   _____
_____   _____
_____   _____
_____   _____

20

_____   _____
_____   _____
_____   _____
_____   _____
_____   _____
_____   _____

20

_____   _____
_____   _____
_____   _____
_____   _____
_____   _____
_____   _____

X   O

APRIL 23

Let's run away to _____ .

20

20

20

20

X   O

A P R I L 24

I admire your...

20

20

20

20

X   O

APRIL 25

Please don't stop...

20

20

20

20

X   O

A P R I L 26

What do you love about your partner?

20

20

20

20

X   O

APRIL 27

20

_____

20

_____

20

_____

20

_____

X   O

APRIL 28

What would make your relationship stronger?

20

20

20

20

X O

APRIL 29

What are three things that can make you instantly happy?

20

20

20

20

X   O

A P R I L 30

20

_____
_____
_____
_____
_____
_____

20

_____
_____
_____
_____
_____
_____

20

_____
_____
_____
_____
_____
_____

20

_____
_____
_____
_____
_____
_____

MAY 1

I look forward to May because...

20

20

20

20

X X   OO

M AY 2

20

_____   _____
_____   _____
_____   _____
_____   _____
_____   _____
_____   _____

20

_____   _____
_____   _____
_____   _____
_____   _____
_____   _____
_____   _____

20

_____   _____
_____   _____
_____   _____
_____   _____
_____   _____

20

_____   _____
_____   _____
_____   _____
_____   _____
_____   _____

X   O

MAY 3

What hobby could you make a living from?

20 ____

_____
_____
_____
_____
_____

20 ____

_____
_____
_____
_____
_____

20 ____

_____
_____
_____
_____
_____

20 ____

_____
_____
_____
_____

X   O

MAY 4

What is a necessity in choosing your dream house?

20

20

20

20

X   O

MAY 5

What taco would you invent? Describe the
ingredients & give your taco a name.

20

20

20

20

MAY 6

Who was one of your favorite teachers & what memories do you have of them?

20

20

20

20

X   O

MAY 7

What was your last lunch together?

20

20

20

20

X   O

MAY 8

What celebrity couple would you invite to dinner?

20

_____

20

_____

20

_____

20

_____

X   O

MAY 9

What's your ideal breakfast for tomorrow?

20

20

20

20

X   O

M A Y 10

"Money can't buy happiness." True or False?

20

20

20

20

MAY 11

What was our last movie?

20

20

20

20

MAY 12

What fictional character would you like to hang out with today?

20

20

20

20

MAY 13

What three words best describe your partner?

20

20

20

20

X   O

MAY 14

What one question would you ask your partner's mother?

20

20

20

20

X   O

MAY 15

20

_____

20

_____

20

_____

20

_____

X   O

MAY 16

What was the last sport you watched?

20

20

20

20

X   O

MAY 17

Have you heard your partner talk in their sleep & can you remember what they said?

20

_____

20

_____

20

_____

20

_____

X   O

MAY 18

Have you experienced any good luck this year?

20

20

20

20

X

O

M A Y 19

List five of your hobbies:

20

_____   _____
_____   _____
_____   _____
_____   _____
_____   _____

20

_____   _____
_____   _____
_____   _____
_____   _____
_____   _____

20

_____   _____
_____   _____
_____   _____
_____   _____
_____   _____

20

_____   _____
_____   _____
_____   _____
_____   _____
_____   _____

X   O

M A Y 20

What is the last fancy restaurant you have been to together?

20

20

20

20

X   O

MAY 21

Who do you look up to as a mentor today?

20

_____

20

_____

20

_____

20

_____

MAY 22

What was your most recent dream?

20

20

20

20

X   O

MAY 23

Predict something that might happen this year. Next
year, write down if your prediction came true!

20

20

20

20

X   O

M AY 24

20

_____ _____
_____ _____
_____ _____
_____ _____
_____ _____

20

_____ _____
_____ _____
_____ _____
_____ _____
_____ _____

20

_____ _____
_____ _____
_____ _____
_____ _____
_____ _____

20

_____ _____
_____ _____
_____ _____
_____ _____
_____ _____

X   O

MAY 25

What is your daily schedule like these days?

20

20

20

20

X   O

MAY 26

What good deeds have you done so far this year?

20

20

20

20

X   O

MAY 27

Who would you like to see live in concert this year?

20___

20___

20___

20___

X   O

MAY 28

What small thing drove you crazy this month?

20

20

20

20

X   O

M A Y 29

**What was the last game you played together &
who won?**

20

20

20

20

X   O

M AY 30

I love how you don't...

20

20

20

20

X   O

MAY 31

What did you enjoy about May?

20

20

20

20

J U N E 1

I look forward to June because...

20___

_____   _____
_____   _____
_____   _____
_____   _____
_____   _____
_____   _____

20___

_____   _____
_____   _____
_____   _____
_____   _____
_____   _____
_____   _____

20___

_____   _____
_____   _____
_____   _____
_____   _____
_____   _____
_____   _____

20___

_____   _____
_____   _____
_____   _____
_____   _____
_____   _____
_____   _____

X   O

JUNE 2

I would love to spend a week in...

20

_____

20

_____

20

_____

20

_____

X   O

JUNE 3

What invention are you needing in your life right now?

20

_____

20

_____

20

_____

20

_____

X   O

JUNE 4

What three compliments would you give your partner today?

20

20

20

20

X   O

J U N E 5

20

_____   _____
_____   _____
_____   _____
_____   _____
_____   _____
_____   _____

20

_____   _____
_____   _____
_____   _____
_____   _____
_____   _____
_____   _____

20

_____   _____
_____   _____
_____   _____
_____   _____
_____   _____
_____   _____

20

_____   _____
_____   _____
_____   _____
_____   _____
_____   _____
_____   _____

X   O

J U N E 6

20

20

20

20

X   O

J U N E 7

20

20

20

20

X   O

JUNE 8

What shoes did you wear today?

20

20

20

20

X   O

J U N E 9

20

20

20

20

X   O

J U N E 10

20

20

20

20

X   O

J U N E 11

What do you plan to accomplish this week?

20

_____   _____
_____   _____
_____   _____
_____   _____
_____   _____
_____   _____

20

_____   _____
_____   _____
_____   _____
_____   _____
_____   _____
_____   _____

20

_____   _____
_____   _____
_____   _____
_____   _____
_____   _____
_____   _____

20

_____   _____
_____   _____
_____   _____
_____   _____
_____   _____
_____   _____

X   O

JUNE 12

What is a pet-peeve for you?

20

20

20

20

X   O

JUNE 13

Where do you see yourself one year from now?

20

20

20

20

X   O

J U N E 14

20

_____

20

_____

20

_____

20

_____

X   O

JUNE 15

Have you had a rough day recently?

20

20

20

20

X   O

JUNE 16

20

_____

20

_____

20

_____

20

_____

X   O

JUNE 17

20

20

20

20

X   O

JUNE 18

What would you enjoy doing with your partner this week?

20

_____
_____
_____
_____
_____
_____

20

_____
_____
_____
_____
_____
_____

20

_____
_____
_____
_____
_____

20

_____
_____
_____
_____
_____

X   O

JUNE 19

What is a "turnoff" for you?

20

20

20

20

X   O

J U N E 20

I love that you like to...

20

_____
_____
_____
_____
_____
_____

_____
_____
_____
_____
_____
_____

20

_____
_____
_____
_____
_____
_____

_____
_____
_____
_____
_____
_____

20

_____
_____
_____
_____
_____
_____

_____
_____
_____
_____
_____
_____

20

_____
_____
_____
_____
_____
_____

_____
_____
_____
_____
_____
_____

X   O

J U N E 21

I love when I see you...

20

20

20

20

X   O

JUNE 22

When was the last time you kept quiet & should
have said something?

20

20

20

20

X   O

J U N E 23

20

_____

20

_____

20

_____

20

_____

X   O

JUNE 24

Did your day go by fast or slow today?

20

20

20

20

X O

JUNE 25

**Name the last five family members or friends
that you have called recently:**

20

20

20

20

X   O

J U N E 26

What chores did you complete today?

20

20

20

20

X   O

JUNE 27

I love listening to _____ right now.

20

20

20

20

X   O

J U N E 28

20

_____   _____
_____   _____
_____   _____
_____   _____
_____   _____
_____   _____

20

_____   _____
_____   _____
_____   _____
_____   _____
_____   _____
_____   _____

20

_____   _____
_____   _____
_____   _____
_____   _____
_____   _____
_____   _____

20

_____   _____
_____   _____
_____   _____
_____   _____
_____   _____
_____   _____

X   O

JUNE 29

I would love to have...

20

20

20

20

X   O

JUNE 30

What did you enjoy about June?

20

_____
_____
_____
_____
_____

20

_____
_____
_____
_____
_____

20

_____
_____
_____
_____
_____

20

_____
_____
_____
_____
_____

X   O

JULY 1

20

20

20

20

X   O

JULY 2

Today marks half of the entire year. How has your year evolved vs your expectation?

20

20

20

20

X   O

J U L Y 3

When was the last time your partner made you laugh?

20

20

20

20

X   O

JULY 4

What do you love about your country?

20

20

20

20

X   O

J U L Y 5

20

20

20

20

X   O

JULY 6

Name three things that you & your partner have in common.

20

20

20

20

JULY 7

When was the last time you felt embarrassed?

20____

20____

20____

20____

X   O

JULY 8

They say opposites attract. Name something that
you dont share in common with your partner.

20____

_____ _____
_____ _____
_____ _____
_____ _____
_____ _____

20____

_____ _____
_____ _____
_____ _____
_____ _____
_____ _____

20____

_____ _____
_____ _____
_____ _____
_____ _____
_____ _____

20____

_____ _____
_____ _____
_____ _____
_____ _____
_____ _____

X   O

JULY 9

If you won $1,000 today, what would you do with your winnings?

20

20

20

20

X   O

JULY 10

The last time I got sick was...

20

20

20

20

JULY 11

Have you witnessed any miracles?

20

_____

20

_____

20

_____

20

_____

X   O

JULY 12

I love it when you say...

20

_____

20

_____

20

_____

20

_____

X   O

JULY 13

20

20

20

20

X   O

JULY 14

20

20

20

20

X   O

JULY 15

What weird/funny quirks does your partner have?

20

20

20

20

X   O

JULY 16

I love that you're a(n)...

20

20

20

20

X   O

JULY 17

What did you buy on your last grocery store run?

20____

_____   _____
_____   _____
_____   _____
_____   _____
_____   _____
_____   _____

20____

_____   _____
_____   _____
_____   _____
_____   _____
_____   _____
_____   _____

20____

_____   _____
_____   _____
_____   _____
_____   _____
_____   _____
_____   _____

20____

_____   _____
_____   _____
_____   _____
_____   _____
_____   _____
_____   _____

X   O

J U L Y 18

Create a nickname for your partner & explain below.

20

20

20

20

X   O

JULY 19

20

20

20

20

X   O

J U L Y 20

20

_____

20

_____

20

_____

20

_____

X   O

JULY 21

List some qualities/traits that you share with
your parents or family.

20

20

20

20

X   O

JULY 22

How can you tell when your partner is happy?

20

20

20

20

X   O

J U L Y 23

20

_____

_____

_____

_____

_____

_____

20

_____

_____

_____

_____

_____

_____

20

_____

_____

_____

_____

_____

20

_____

_____

_____

_____

_____

X   O

J U L Y 24

What subjects would you talk about if you had
to write a stand-up comedy joke?

20

20

20

20

X   O

J U L Y 25

20

20

20

20

X O

J U L Y 26

20

_____   _____
_____   _____
_____   _____
_____   _____
_____   _____

20

_____   _____
_____   _____
_____   _____
_____   _____
_____   _____

20

_____   _____
_____   _____
_____   _____
_____   _____
_____   _____

20

_____   _____
_____   _____
_____   _____
_____   _____

X   O

JULY 27

What country would you like to explore?

20

20

20

20

X   O

JULY 28

What problems would you fix in your current city?

20

20

20

20

X   O

J U L Y 29

What advice do you have for the next generation?

20

20

20

20

X   O

J U L Y 30

Is there anything you could have saved money on
this month?

20

_____

20

_____

20

_____

20

_____

X   O

J U L Y 31

What did you enjoy about July?

20

20

20

20

AUGUST 1

I look forward to August because...

20___

_____

20___

_____

20___

_____

20___

_____

X   O

AUGUST 2

Write down one thing you remember from the
first time you saw your partner.

20

20

20

20

X   O

AUGUST 3

Write down one thing you remember from the
first few dates with your partner.

20

20

20

20

X   O

AUGUST 4

What phone apps do you use the most?

20

20

20

20

X   O

AUGUST 5

I love how we are awesome at...

20

20

20

20

X   O

AUGUST 6

What was your last dessert?

20 ____

_____ _____
_____ _____
_____ _____
_____ _____
_____ _____

20 ____

_____ _____
_____ _____
_____ _____
_____ _____
_____ _____

20 ____

_____ _____
_____ _____
_____ _____
_____ _____
_____ _____

20 ____

_____ _____
_____ _____
_____ _____
_____ _____
_____ _____

X   O

AUGUST 7

I love it when you wear...

20

20

20

20

AUGUST 8

Is there anything you are not looking forward to?

20

20

20

20

X   O

AUGUST 9

Where do you see yourself five years from now?

20

20

20

20

X   O

AUGUST 10

What do you love to see when you come home?

20

20

20

20

X   O

AUGUST 11

Do you plan on moving anytime soon?

20

20

20

20

AUGUST 12

What's the most exciting thing you have done as a couple?

20

20

20

20

X   O

AUGUST 13

Where is a perfect honeymoon location?

20

20

20

20

X   O

AUGUST 14

_____ is the story of my life.

20

20

20

20

AUGUST 15

20

20

20

20

X   O

AUGUST 16

I would love to...

20

20

20

20

X   O

AUGUST 17

I'm sorry for...

20

20

20

20

X   O

AUGUST 18

What's the last thing you have needed help with?

20

20

20

20

X   O

AUGUST 19

What memberships/subscriptions do you use?

20

20

20

20

X   O

AUGUST 20

I know _____ would make you happy today.

20

20

20

20

X   O

AUGUST 21

Do you plan on having pets?

20

20

20

20

AUGUST 22

Where would you fly to for a weekend?

20

20

20

20

X   O

AUGUST 23

What things did you enjoy doing today?

20___

_____

20___

_____

20___

_____

20___

_____

X   O

AUGUST 24

What memory will you never forget?

20

20

20

20

X   O

AUGUST 25

What do you day dream about?

20

20

20

20

AUGUST 26

What company/franchise would you invest your money into today?

20

20

20

20

X O

AUGUST 27

20

20

20

20

X   O

A U G U S T 28

_____ + _____ =

20

20

20

20

X   O

AUGUST 29

What does your horoscope say for today & how does it relate to your life?

20

20

20

20

X   O

AUGUST 30

What was your mood like today?

20

20

20

20

AUGUST 31

What did you enjoy about August?

20

_____

20

_____

20

_____

20

_____

X   O

SEPTEMBER 1

I look forward to September because...

20

20

20

20

X   O

SEPTEMBER 2

What is a recent job or project that you disliked?

20

20

20

20

X   O

SEPTEMBER 3

What phrase or word does your partner use often?

20

20

20

20

X   O

SEPTEMBER 4

What is a realistic age that you would like to retire?

20

20

20

20

X   O

SEPTEMBER 5

What skill could you teach someone?

20

20

20

20

X   O

SEPTEMBER 6

Is there anything stressing you out today?

20___

_____   _____
_____   _____
_____   _____
_____   _____
_____   _____
_____   _____

20___

_____   _____
_____   _____
_____   _____
_____   _____
_____   _____
_____   _____

20___

_____   _____
_____   _____
_____   _____
_____   _____
_____   _____
_____   _____

20___

_____   _____
_____   _____
_____   _____
_____   _____
_____   _____
_____   _____

X   O

SEPTEMBER 7

When is the last time you treated your partner to a meal?

20

20

20

20

X   O

SEPTEMBER 8

What is the best road trip you have taken?

20

_____

20

_____

20

_____

20

_____

X   O

SEPTEMBER 9

Your _____ is out of this world.

20

20

20

20

X   O

SEPTEMBER 10

Never have I ever _____ . (list three things)

20

20

20

20

X   O

SEPTEMBER 11

**How many social media accounts do you have &
what was your most recent post?**

20

20

20

20

SEPTEMBER 12

20

20

20

20

X   O

SEPTEMBER 13

What are you proud of today?

20

20

20

20

X   O

SEPTEMBER 14

What was the last act of kindness you noticed from a stranger?

20

_____

20

_____

20

_____

20

_____

X   O

SEPTEMBER 15

What new hobby would interest you & your partner?

20

20

20

20

X   O

SEPTEMBER 16

What habit do you enjoy from your partner?

20

_____

20

_____

20

_____

20

_____

X   O

SEPTEMBER 17

What store would you love a gift from?

20

20

20

20

X   O

SEPTEMBER 18

What was the most recent date night?

20

20

20

20

X   O

SEPTEMBER 19

What was the best party that you attended this year?

20

20

20

20

X   O

SEPTEMBER 20

What movies are out right now?

20

_____   _____
_____   _____
_____   _____
_____   _____
_____   _____
_____   _____

20

_____   _____
_____   _____
_____   _____
_____   _____
_____   _____
_____   _____

20

_____   _____
_____   _____
_____   _____
_____   _____
_____   _____
_____   _____

20

_____   _____
_____   _____
_____   _____
_____   _____
_____   _____
_____   _____

X   O

SEPTEMBER 21

What is on your couples to-do list?

20

20

20

20

X   O

SEPTEMBER 22

Write a note to your future self.

20

20

20

20

X   O

SEPTEMBER 23

Have you had to make any last minute decisions this year?

20

_____

20

_____

20

_____

20

_____

X   O

SEPTEMBER 24

What is something unforgettable in your relationship?

20____

_____

20____

_____

20____

_____

20____

_____

X   O

SEPTEMBER 25

Where do you see yourself 10 years from now?

20

20

20

20

X   O

SEPTEMBER 26

What is your biggest accomplishment?

20

20

20

20

X   O

SEPTEMBER 27

When was the last time you did an outdoor activity together?

20

20

20

20

X   O

SEPTEMBER 28

20

20

20

20

X   O

SEPTEMBER 29

Our secret getaway is...

20

20

20

20

X   O

SEPTEMBER 30

What did you enjoy about September?

20

20

20

20

X   O

OCTOBER 1

I look forward to October because...

20

20

20

20

X   O

OCTOBER 2

My favorite couples costume would be…

20

20

20

20

X   O

OCTOBER 3

What new people have you met recently?

20

20

20

20

X   O

OCTOBER 4

What plans do you have for tomorrow?

20

20

20

20

X   O

OCTOBER 5

Are there any artists that you wish you could have seen?

20

20

20

20

X   O

OCTOBER 6

Describe a time when you saved your partner from a situation.

20

20

20

20

X   O

OCTOBER 7

Are you taking any lessons right now?

20

20

20

20

X   O

OCTOBER 8

What was your favorite activity as a couple this year?

20

20

20

20

X   O

OCTOBER 9

I love how we always ...

20

20

20

20

OCTOBER 10

Which friend did you hang out with last?

20___

20___

20___

20___

X   O

OCTOBER 11

What was the last compliment you were given?

20___

20___

20___

20___

X   O

OCTOBER 12

Write about the last wedding you attended &
something you enjoyed,

20

20

20

20

X   O

OCTOBER 13

What qualities do you enjoy about your friends?

20

20

20

20

X   O

OCTOBER 14

I wish I could...

20

20

20

20

X   O

OCTOBER 15

20

20

20

20

X   O

OCTOBER 16

20

_____

20

_____

20

_____

20

_____

X   O

OCTOBER 17

What was the last delivery or takeout food you ordered together?

20

20

20

20

X   O

OCTOBER 18

What skill would you like to learn more about?

20

_____

20

_____

20

_____

20

_____

X   O

OCTOBER 19

Name a food & drink that go together.

20

20

20

20

X   O

OCTOBER 20

That was a close call when...

20

20

20

20

X   O

OCTOBER 21

What new things has your partner taught you recently?

20

20

20

20

X   O

OCTOBER 22

When was the last time you were upset & what
could have made you feel better?

20

20

20

20

X   O

OCTOBER 23

20

_____

20

_____

20

_____

20

_____

X   O

OCTOBER 24

20

_____

20

_____

20

_____

20

_____

X   O

OCTOBER 25

What candy did you eat last?

20

20

20

20

X   O

OCTOBER 26

Do you like anything people might consider weird?

20

20

20

20

X   O

OCTOBER 27

Have you seen a UFO yet? Please describe.

20

20

20

20

X   O

OCTOBER 28

When was the last time you were freaked out by something?

20

20

20

20

X   O

OCTOBER 29

_____ , that is what comes to mind when I hear
your name.

20

20

20

20

X   O

OCTOBER 30

What is your hairstyle today & who cut your hair last?

20

20

20

20

X   O

OCTOBER 31

Did you dress up for Halloween?

20 _____

_____ _____
_____ _____
_____ _____
_____ _____
_____ _____
_____ _____

20 _____

_____ _____
_____ _____
_____ _____
_____ _____
_____ _____
_____ _____

20 _____

_____ _____
_____ _____
_____ _____
_____ _____
_____ _____

20 _____

_____ _____
_____ _____
_____ _____
_____ _____
_____ _____

X   O

NOVEMBER 1

I look forward to November because...

20

20

20

20

X   O

NOVEMBER 2

**If you won $100,000 today, what would you do
with your winnings?**

20

20

20

20

X   O

NOVEMBER 3

Which song annoys you today?

20_____

_____   _____
_____   _____
_____   _____
_____   _____
_____   _____

20_____

_____   _____
_____   _____
_____   _____
_____   _____
_____   _____

20_____

_____   _____
_____   _____
_____   _____
_____   _____
_____   _____

20_____

_____   _____
_____   _____
_____   _____
_____   _____

X   O

NOVEMBER 4

What was the most expensive thing you have bought this year?

20

_____

20

_____

20

_____

20

_____

X   O

NOVEMBER 5

Which model of cell phone do you have & who has the better phone in your opinion?

20

20

20

20

X   O

NOVEMBER 6

What is the last gift that you bought yourself?

20

20

20

20

X   O

NOVEMBER 7

How hard did you work today?

20

20

20

20

X   O

NOVEMBER 8

When did you last dance together?

20

20

20

20

X   O

NOVEMBER 9

What is the last dream you remember?

20

20

20

20

X   O

NOVEMBER 10

What was the worst meal you've had this year?

20

20

20

20

NOVEMBER 11

Write the mileage from your car. Where did you go today?

20

20

20

20

X   O

NOVEMBER 12

What is your ideal birthday party?

20

20

20

20

X   O

NOVEMBER 13

Who was the last baby born within your family?

20

20

20

20

X   O

NOVEMBER 14

On what side of the bed do you sleep?

20

20

20

20

X   O

NOVEMBER 15

The last thing I bought for my home was...

20

20

20

20

NOVEMBER 16

I love knowing that...

20

20

20

20

X   O

NOVEMBER 17

I would never expect to see you...

20

20

20

20

X   O

NOVEMBER 18

What do you need to replace from the fridge?

20

20

20

20

X   O

NOVEMBER 19

Rate today on a scale of 1-10. What could have made it better?

20

_____   _____
_____   _____
_____   _____
_____   _____
_____   _____
_____   _____

20

_____   _____
_____   _____
_____   _____
_____   _____
_____   _____
_____   _____

20

_____   _____
_____   _____
_____   _____
_____   _____
_____   _____
_____   _____

20

_____   _____
_____   _____
_____   _____
_____   _____
_____   _____
_____   _____

X   O

NOVEMBER 20

Please forgive me for...

20

___

20

___

20

___

20

___

X   O

NOVEMBER 21

I hate it when people...

20

20

20

20

X   O

NOVEMBER 22

List some things that you are thankful for:

20

_____
_____
_____
_____
_____

20

_____
_____
_____
_____
_____

20

_____
_____
_____
_____
_____

20

_____
_____
_____
_____
_____

X   O

20

20

20

20

X   O

NOVEMBER 24

What is the last website you visited?

20 _____

_____
_____
_____
_____
_____
_____

20 _____

_____
_____
_____
_____
_____
_____

20 _____

_____
_____
_____
_____
_____
_____

20 _____

_____
_____
_____
_____
_____
_____

NOVEMBER 25

Has anything surprised you this year?

20

20

20

20

NOVEMBER 26

When was the last time you showed support for your partner?

20

20

20

20

X   O

NOVEMBER 27

What could you never get bored of?

20

20

20

20

X   O

NOVEMBER 28

What was the last sporting event you attended?

20

20

20

20

X   O

NOVEMBER 29

Write down an I.O.U. for your patner & give it a
one-year expiration date!

20

20

20

20

X   O

NOVEMBER 30

What did you enjoy about November?

20

20

20

20

X   O

DECEMBER 1

I look forward to December because...

20

20

20

20

DECEMBER 2

List five gifts that you would like:

20

_____
_____
_____
_____
_____

20

_____
_____
_____
_____
_____

20

_____
_____
_____
_____
_____

20

_____
_____
_____
_____
_____

X   O

DECEMBER 3

Have you learned anything new today?

20

20

20

20

X   O

DECEMBER 4

Has anything made you smile today?

20

20

20

20

X   O

DECEMBER 5

_____ , we need to do that again!

20

20

20

20

X   O

DECEMBER 6

If you won $1 million today, how would you change your life?

20

20

20

20

X   O

DECEMBER 7

Write down one thing that makes you nervous.

20

20

20

20

X   O

DECEMBER 8

Has anything brought you to tears this year?

20

20

20

20

X   O

DECEMBER 9

20

20

20

20

X   O

DECEMBER 10

How has your holiday shopping been?

20

20

20

20

X   O

DECEMBER 11

We need to...

20

20

20

20

X O

DECEMBER 12

Any memorable sunrises or sunsets from this year?

20

20

20

20

X   O

DECEMBER 13

What is the weather like today?

20

20

20

20

X   O

DECEMBER 14

What is your favorite memory from this year?

20

20

20

20

X   O

DECEMBER 15

Our book title for this year would be...

20

20

20

20

X   O

DECEMBER 16

The best advice you gave me was...

20

20

20

20

X   O

DECEMBER 17

What country would you move to & why?

20

20

20

20

X   O

DECEMBER 18

Who went to bed earlier last night?

20 ___

20 ___

20 ___

20 ___

X   O

DECEMBER 19

What holiday song makes you happy?

20

20

20

20

X   O

DECEMBER 20

What is one extreme sport that you wish you could try?

20

_____

20

_____

20

_____

20

_____

X   O

DECEMBER 21

Don't change the way you...

20

20

20

20

X   O

DECEMBER 22

What was your first conversation about today?

20

20

20

20

X   O

DECEMBER 23

20

20

20

20

X   O

DECEMBER 24

How many countries have you visited & what was your most recent out-of-country trip?

20

_____

20

_____

20

_____

20

_____

X   O

DECEMBER 25

What are you grateful for today?

20

20

20

20

X   O

DECEMBER 26

Did any sports teams make you proud this year?

20___

___

20___

___

20___

___

20___

___

X   O

DECEMBER 27

We were incredible at_____ this year.

20

20

20

20

X   O

DECEMBER 28

You make me want to be a better...

20

20

20

20

X   O

DECEMBER 29

Did you have to return any gifts this holiday season?

20

20

20

20

X   O

DECEMBER 30

If your partner were a city, what city would your partner be?

20

20

20

20

X   O

DECEMBER 31

This year was...

20

20

20

20

X   O

IMPORTANT DATES:

ANNIVERSARIES

_____
_____
_____
_____
_____
_____
_____

BIRTHDAYS

_____
_____
_____
_____
_____
_____
_____

ADDITIONAL INFO

_____
_____
_____
_____
_____
_____

PASSPORT

List the cities you have visited together:

_____ _____

_____ _____

_____ _____

_____ _____

_____ _____

_____ _____

_____ _____

_____ _____

_____ _____

_____ _____

_____ _____

Made in the USA
Middletown, DE
08 February 2021